BIBLIOTHÈQUE NATIONALE
DE FRANCE
PARIS

DÉPARTEMENT DES IMPRIMÉS

PHOTO. BIBLIOTHEQUE NATIONALE DE FRANCE PARIS
REPRODUCTION INTERDITE SANS AUTORISATION

LES OEUVRES PROTEGEES PAR LA LEGISLATION SUR LA PROPRIETE LITTERAIRE ET ARTISTIQUE (LOI DU 11 MARS 1957) NE PEUVENT ETRE REPRODUITES SANS AUTORISATION DE l'ORGANISME DETENTEUR DU DOCUMENT ORIGINAL, DE L'AUTEUR OU DE SES AYANTS DROIT.

DANS L'INTERET DE LA RECHERCHE LA BIBLIOTHEQUE NATIONALE DE FRANCE TIENT UN FICHIER DES TRAVAUX RELATIFS AUX DOCUMENTS QU'ELLE CONSERVE.

ELLE PRIE LES UTILISATEURS DE LA PRESENTE MICROFORME DE LUI SIGNALER LES ETUDES QU'ILS ENTREPRENDRAIENT ET PUBLIERAIENT A L'AIDE DE CE DOCUMENT.

LE
LIBRE-PENSEUR
DEVENU
PENSEUR LIBRE

PAR

CAMILLE

DEUXIÈME ÉTAPE

ROANNE
GRANDE IMPRIMERIE FORÉZIENNE, J. MIQUEL

1887

LE
LIBRE-PENSEUR
DEVENU
PENSEUR LIBRE

PAR

CAMILLE

DEUXIÈME ÉTAPE

ROANNE

GRANDE IMPRIMERIE FORÉZIENNE, J. MIQUEL

1887

AVANT-PROPOS

Ceux qui ont parcouru la première étape savent que, dans une saison aux *Eaux-Bonnes*, je m'étais lié avec deux libres-penseurs du nom d'André, ex-juge, et de Martin, négociant. Ils se souviennent que la conversation étant, un jour, tombée sur la libre-pensée, une discussion suivie s'engagea sur ce sujet. Désireux, tous les trois, de bien comprendre le vrai sens de la libre-pensée, nous sommes convenus, quoique ce mot visât immédiatement la religion, de prendre pour seul guide, le *bon sens*.

Nous avons distingué trois libres-penseurs : le *radical*, l'*athée* et l'*indépendant* de la Révélation divine.

Le bon-sens eut bien vite fait justice du *radical* et de l'*athée*. Il nous apprit également que l'*indépendant* n'est pas plus raisonnable quand il déclare que Dieu ne *peut* pas nous parler. Il nous fit tirer cette conclusion évidente :

« Dieu peut nous parler et, supposé qu'il nous parle, nous sommes obligés de l'écouter et de suivre sa parole. »

Cela bien compris, mes deux amis devenaient simplement comme moi penseurs libres, c'est-à-dire des hommes doués d'intelligence et de liberté, et libres de tous les sots préjugés que le mot *libre-pensée* introduit dans les esprits.

Mais après plusieurs jours d'excursions aux montagnes voisines : « M. Camille, dit

M. Martin, est-ce que les trois grands philosophes ont fini leur tâche ? Notre fameuse discussion est-elle donc épuisée ?

— « Non, répondit le juge, non ; il y a encore beaucoup de choses à éclaircir. Sans doute nous avons admis que la libre-pensée était absurde, par la raison que Dieu *peut* parler, révéler. Mais de fait, *a-t-il parlé ?*

Voilà la question importante.

— Oui, messieurs, voilà la question importante. Et puisqu'elle vient ici, interrogeons toujours le bon sens et rien que le bon sens. Je dis et vous déclare carrément, *Dieu a dû parler. Il a parlé.*

CHAPITRE PREMIER

IL A DU PARLER

§ 1er
De quoi et à qui ?

Me demandez-vous tout d'abord... *De quoi ?*

Voyons ; quels sont les problèmes qui intéressent tout homme en ce monde ? Sont-ce les problèmes de mathématiques, de philosophie transcendante, de haute politique, d'économie sociale, etc., etc ? Qu'est-ce que tout cela pour les trois quarts de l'humanité ?

— M. Martin. Dites donc que les neuf dixièmes ne connaissent pas même le nom de tout cela.

— Mais, repris-je, ces graves questions : « Que suis-je ? *D'où viens-je ? Où vais-je ? Qu'est-ce que je suis venu faire ici-bas ? Où est mon vrai bonheur pendant la vie et après la vie ? Quels sont les moyens de l'obtenir ?* » Voilà, voilà qui intéresse tout homme au plus haut degré, voilà qui l'occupe sans cesse. Car, à tout prix, il veut être heureux. Le bonheur est le besoin unique, invincible de sa nature.

Ce bonheur, il le cherche sans cesse ici-bas, et j'ajoute, il le cherche, instinctivement, malgré lui, quoi qu'il fasse pour s'étourdir et se persuader qu'il n'y a rien au-delà de la tombe, il le cherche au-delà de la tombe. Il ne peut s'empêcher d'entendre au fond de son âme ce cri persistant : « où vais-je ? où vais-je ? »

— M. Martin : Oh ! Que c'est vrai ! Ce cri, combien de fois l'ai-je entendu ? On a beau faire, on ne peut l'étouffer.

— M. le juge : Oui, je l'avoue, voilà bien les questions, et les seules, dont la solution intéresse tout homme en ce monde. Mais ai-je besoin d'entendre la voix de Dieu pour avoir cette solution ? Ma raison m'est donnée pour cela, et elle me suffit.....

— Elle vous suffit ! dis-je en l'interrompant. Eh bien ! moi, je vous réponds qu'elle ne suffit ni à vous ni à personne. Impossible, entendez-le bien, impossible que, dans notre état actuel, la raison *seule* puisse connaître avec une certitude complète et le but de la vie et les moyens de l'atteindre, c'est-à-dire tous les devoirs envers Dieu, envers les hommes.

— Vous vous avancez bien, je trouve ! J'attends la preuve.

— Oh ! Elle est bien simple ; allez — Voilà le petit Edouard, le fils de la maîtresse d'hôtel. C'est lui qui va vous la donner.

« Edouard, écoute, mon ami. Tu n'as guère que dix ans, n'est-ce pas ? Voyons si tu es bien savant. Qui t'a créé et mis au monde ? — C'est Dieu, Monsieur. — Et pourquoi ? — Pour le connaître, l'aimer, le servir et par ce moyen acquérir la vie éternelle.— Où est le véritable bonheur ? — Au ciel, monsieur. — Bien. Est-ce toi qui as trouvé cela tout seul ? — Oh ! non, monsieur, c'est le catéchisme qui me l'a appris. — Allons, c'est bien, mon ami ; continue à travailler et tu deviendras un vrai savant. »

— Messieurs, si cet enfant n'avait pas été enseigné, que serait-il ? Il errerait à l'aventure dans ce monde, sans savoir ce qu'il est venu y faire ni où il va. Il vivrait d'une vie inutile.

Tous les enfants, vous l'avouez, sont semblables à Edouard. Impossible à eux de résoudre ces grands problèmes par leur propre raison.

— Mais c'est plus qu'évident, fit M. Martin. Et vous pouvez mettre avec les enfants toute la jeunesse et la plupart des hommes d'âge mûr.

— Voyez, M. le juge, repris-je, voilà Pierre, le garçon d'écurie, à moitié idiot. Allez donc lui dire : « mon ami, vous avez déjà trente-cinq ans, et vous n'avez pas encore trouvé, j'en suis sûr, la solution des grands problèmes de la vie. Cherchez, mon ami, cherchez tout seul. Votre raison vous suffit ! »

On éclata de rire en voyant passer Pierre. — Il y avait de quoi.

Messieurs, combien de *Pierre* dans le monde ! — Et la foule des ignorants... et la multitude des incapables... En somme, avec les enfants, voilà, vous l'avouerez, bien plus de la moitié, pour ne pas dire les trois-quarts impuissants à trouver la fameuse solution. Qui la leur donnera si ce n'est Dieu lui-même ?

§ — 2ᵉ

Ne peuvent-ils pas être instruits par les capables ?

interrompit le juge. N'élève-t-on pas peu à peu leur intelligence, ou tout au moins ne leur apprend-on pas ce qui est nécessaire à leur vie matérielle ? Pourquoi ne leur apprendrait-on pas ce qui est nécessaire à leur vie spirituelle ?

— Donc, M. le juge, leur raison, d'après vous-même, ne leur suffit pas. Donc ils ne sont pas et ne peuvent pas être libres-penseurs. Et les trois-quarts de l'humanité ne pouvant pas être indépendants d'une révélation quelconque, que devient le beau système de la libre-pensée ? S'il n'est pas praticable, c'est une pure utopie. On doit en rire et non le prendre au sérieux.

Mes deux hommes se regardèrent sans mot dire.

— Allons, Messieurs, soyons francs. On se déclare libre-penseur pour s'aveugler soi-même et se croire libéré de toute obligation gênante, *pour vivre à sa guise.*

— Bon ! fit M. Martin, un coup de boutoir en passant.

C'en est donc fait, Messieurs, du fameux principe : *La raison seule suffit à l'homme.*

— Pas encore, dit le juge. Car enfin je puis bien enseigner aux enfants, aux ignorants, à tous les *incapables* ce que je sais moi-même ; et eux, useront de leur petite raison pour contrôler mon enseignement. Ils seront toujours libres de l'accepter ou non. Les voilà de nouveau libres-penseurs.

— C'est-à-dire, M. le juge, que ceux que vous avez déclaré *incapables* de penser par eux-mêmes en deviennent tout d'un coup *capables*. A eux d'examiner si vous avez raison, s'ils doivent vous écouter et vous suivre. Edouard et Pierre devront se dire : M. le juge est un savant ; mais examinons bien s'il dit vrai ou faux.

— Allons, allons, fit M. Martin. Pas moyen de le nier. Leur raison n'y est pour rien. Ils croient sur parole, et voilà tout.

— Cela dit, repris-je, je vous demanderai Messieurs, qui les instruira ? Et de quel droit ?

Vous, M. Martin, vous êtes certainement du nombre des *capables*. Vous en chargez-vous ?

— Moi ! Grand Dieu ! C'est à peine si je me rappelle l'enseignement que les bons frères m'ont donné…… J'ai tout reçu et je n'ai jamais rien appris de moi-même. Hélas ! J'en conviens, M. Camille, j'ai cinquante ans et je n'ai pas encore pris le temps ni eu la volonté de faire ma petite philosophie.

— Et croyez, M. Martin, que vous n'êtes pas le seul. Tous les commerçants, tous les agriculteurs tous les travailleurs qui, cependant, pourraient penser par eux-mêmes, sont logés à la même enseigne. Tous vivent d'enseignement sans se soucier de résoudre les grands problèmes de la vie. Je gage que M. le juge lui-même, tout savant qu'il est, ne s'est guère donné la peine, jusqu'à présent, de créer sa petite philosophie et qu'il vît, comme le commun des mortels, de l'enseignement qu'il a reçu.

— Eh ! M. Camille, je n'ai pas honte d'en convenir. Mêlé à mille affaires toute ma vie, à celles du barreau, à celles du tribunal, et à tant d'autres, je ne me suis nullement occupé de ces questions. Je vis aussi d'autorité.

— Alors, Messieurs, dis-je en souriant, vous étiez libres-penseurs pour...

— Ne pas penser du tout, fit M. Martin.

— Du tout ou du moins, reprit le juge, pour ne pas penser aux seules choses qui devraient nous occuper ; je le déclare humblement.

Camille : Si donc parmi les *capables*, ni les juges, ni les avocats, pas plus que les commerçants, les agriculteurs, et tous les hommes absorbés par leurs affaires temporelles ne peuvent trouver par eux-mêmes la fameuse solution, *qui la leur donnera ?*

Et maintenant, messieurs, est-il clair pour

vous que les *capables* ne peuvent pas s'instruire par eux-mêmes ni instruire les *incapables* ?

Et puis, *de quel droit* leur feraient-ils accepter leur doctrine ? Pourquoi prétendraient-ils être écoutés et obéis ?

S'arroger ce droit, c'est aller directement contre les principes de la libre-pensée, c'est la détruire par cela même, d'autre part, ne pas s'arroger ce droit et déclarer les incapables libres d'examiner par eux-mêmes, d'écouter et d'obéir, c'est les déclarer *incapables* et capables.

La question reviendra toujours tout entière, tant que vous n'arriverez pas à une autorité supérieure qui a *droit* d'être crue et obéie.

Enfin, Messieurs, il est aussi évident que dans l'état actuel de notre nature, nous, les *capables*, nous ne lisons pas dans notre cœur, comme dans un livre ouvert, tous les devoirs et toutes les vérités, qui nous indiquent le but de la vie et nous y conduisent. Mille préjugés, mille passions, mille intérêts, ajoutés aux faiblesses de notre esprit, accumulent devant nos yeux d'épaisses ténèbres, qui nous empêchent de voir clair — Oui : nous vivrions dans le chaos, s'il n'y avait pas une révélation de la part du créateur lui-même. Oui, Dieu *a dû parler* pour que la vérité *nécessaire* à l'homme fût *certaine, prompte* et *commune :* Solution du bon sens, qu'en pensez-vous ?

— *Le juge :* Mais pardon ; la chose ne me paraît pas encore complètement élucidée, car il y a dans l'humanité ce qu'on appelle l'aristocratie du génie, des hommes supérieurs, de profonds penseurs qui ont pu trouver par leur propre raison, sans révélation positive de la part de Dieu, tout ce qui suffit à l'homme. Ils ont enseigné leurs semblables. Et ceux-ci ne pouvant refuser leur assentiment à ce qui leur paraissait évident, ont accepté cet enseignement. Ainsi, c'est toujours la raison qui suffit aux uns et aux autres.

— CAMILLE : Très-bien : mais une simple petite question : Eux, tout aussi bien que vous, de *quel droit* enseigneraient-ils ?

Prétendraient-ils être écoutés et obéis ? — D'autre part, comment les *incapables* et même les *capables*, contrôleront-ils leur enseignement ? C'est toujours la même difficulté. Et puis, je vous le demande, connaissez-vous un *seul* homme de génie qui ait trouvé un corps de doctrine et de morale complet et satisfaisant, un *seul* qui ait influé, comme parle Voltaire lui-même. sur les mœurs des habitants de la rue qu'il habitait ? Pas un...

Et avant que ces hommes de génie, supposé qu'ils aient pu le faire, eussent trouvé la *vérité* et l'eussent répandu dans le monde, que devenaient les autres hommes, la multitude des peuples qui les ont précédés ? Dieu, infiniment sage les avait donc créés sans but déterminé, sans espérance de bonheur, sans moyens de l'obtenir ? C'est dire tout simplement qu'Il ne sait pas ce qu'Il fait, c'est-à-dire qu'Il n'est pas Dieu. Encore une fois, conclusion du bon sens.

Mais, je vais plus loin, et l'histoire à la main, je vous prouve que

§ 3

Les plus grands génies ne sachant que dire Dieu a dû parler.

M. Martin : Je me rappelle que qaund j'étudiais l'histoire, on mettait bien haut les noms de Socrate, de Platon, d'Aristote, que sais-je ?. Oh ! Ce n'est pas que j'aie jamais touché leurs ouvrages du bout du doigt.... mais je sais au moins leur nom. Tous n'en peuvent pas dire autant.

Le juge — Et Cicéron, et Sénèque, et tant d'autres, n'ont-ils donc rien su ?

Camille — Oui : Voilà des hommes supérieurs ; je reconnais tout le premier leur génie et leur mérite. Mais ce que j'affirme nettement, sans crainte d'être démenti, c'est que tous ensemble n'ont rien trouvé qui vaille, au moins par eux-mêmes, c'est qu'ils sont loin d'être infaillibles et d'accord entre eux. Et cependant vous êtes bien obligés d'admettre, dans votre système, qu'il faut au moins que ceux qui enseignent soient sûrs de ce qu'ils disent et s'entendent entre eux, comme il faut que ceux qui sont enseignés, pour ajouter foi à la doctrine de leurs maîtres et s'y fier sans réserve, la croient absolument certaine et les considèrent eux-mêmes comme infaillibles.

— M. Martin : Oh ! Il est clair que s'ils ne sont pas sûrs de leur affaire et surtout s'ils ne s'entendent pas, je suis en droit, non-seulement de ne pas les écouter, mais de leur déclarer carrément qu'ils ne savent pas ce qu'ils disent.

— Camille : Eh bien ! Je vous défie d'en citer un seul, mais un seul, qui soit parvenu à composer un code de morale et de doctrine satisfaisant. Je vous défie aussi d'en trouver deux qui s'entendent entre eux. Rien de précis, de certain, de complet sur les plus graves questions. L'un croit à l'éternité du monde, à un Dieu bon et à un Dieu mauvais ; l'autre affirme le contraire. L'un parle de hasard, de destin, l'autre, de providence. L'un, vous dira gravement que son âme a passé dans le corps d'une bête avant d'être sienne et passera, après sa mort, dans un autre corps ; l'autre vous déclarera que vous irez ou dans un Elysée ou dans un enfer quelconque, sans bien savoir ce qu'il en est. Socrate vous tracera quelques belles règles de morale qu'Epicure contredira. *A quoi et à qui me fier ?*

Ce qu'il y a de plus fort, c'est qu'ils affirment que le peu qu'ils savent d'une manière certaine, ils le tiennent d'une révélation primitive transmise par tradition parmi les hommes. Platon et Aristote appellent leur doctrine sur la divinité « une tradition ancienne et sacrée, un reste d'une antique sagesse qui s'est peu à-peu altérée..... » (Kettinger — t. II — ch. XI).

M. le juge, tout cela, est-ce de l'histoire, oui ou non ?

Le juge : Je suis bien forcé d'en convenir. Je vois bien aussi que les modernes n'ont pas mieux fait. En réfléchissant tant soit peu, on sent qu'ils n'en savent pas davantage et qu'ils ne s'entendent pas mieux.

— Camille : Bravo !..... Le bon sens l'emporte sur l'admiration.

Mais nos modernes, en effet, que sont-ils ? Tous ensemble valent-ils le seul Platon ?

Voyez les plus illustres philosophes libres-penseurs de nos jours, Cousin, Jouffroy et les autres. A quoi sont-ils parvenus ? — Jouffroy vous répond : « J'étais effrayé, dit-il, après tant d'études philosophiques, du vide de mon âme, ne voyant rien pour le combler... Ma raison avait tout détruit, mais rien édifié. Je vivais à l'étroit dans un petit cercle d'idées dont je ne pouvais plus sortir. J'y étouffais..... » A la fin de sa vie il n'avait pas trouvé une réponse satisfaisante à une seule des grandes questions que son esprit s'était posées.

En connaissez-vous d'autres qui soient allés plus loin que lui ?

— Vraiment, dit M. Martin, quand on y songe bien, quelle triste vie que celle-ci ? Doute perpétuel, vide complet, rien d'assuré pour la vie actuelle ni pour la vie future, voilà le sort des plus grands esprits libres-penseurs. Jamais je n'y avais songé; décidément si les meilleurs esprits n'ont trouvé rien qui vaille, moi et tous mes semblables nous ne ferons pas mieux.

— Ajoutez à cela, repris-je, que le peu qu'ils savent d'une manière certaine, ils le prennent, sans s'en apercevoir, dans la Révélation chrétienne au milieu de laquelle ils ont vécu, c'est à-dire, tout simplement dans le petit catéchisme qu'ils ont appris. Entendez le libre-penseur J.-J. Rousseau (IIIe lettre de la montagne) : « Je ne sais pourquoi l'on veut attribuer au progrès de la philosophie la belle morale de nos livres. Cette morale, tirée de l'Evangile, était chrétienne avant d'être philosophique. »

Un autre des plus célèbres d'Allemagne, le philosophe Kant, après avoir pensé, travaillé, professé, écrit toute sa vie sans se soucier de la Révélation, aboutit à quoi ?.. à s'avouer vaincu et à reconnaître que Dieu a dû révéler : « Jamais, dit-il, la raison humaine ne serait parvenue à faire un code complet de lois morales, si la révélation Evangélique ne le lui avait fourni.

Pas n'est besoin d'en dire davantage pour être bien persuadé que les plus grands hommes n'ont pas pu se tirer d'affaire par leur propre raison. Tout comme au vulgaire, il est nécessaire que Dieu leur parle.

Enfin, pour que le plus léger nuage soit dissipé, je dis :

Il est absolument, radicalement impossible à tout homme, quel qu'il soit, de trou-

ver toute la vérité qui lui est nécessaire.

— Le juge : Oui : ceci seul résoudrait la question et donnerait la mesure de la valeur de la libre-pensée.

— Camille : Est-il évident que ce qui dépend de la pure volonté de Dieu n'est nullement du ressort de la raison.

— Sans doute.

— Eh bien ! Je vous le demande, tout d'abord, pourquoi Dieu vous a-t-il créé ? Dans quel but ? Pour quelle fin ?

Qu'en savez-vous, si Lui-même ne vous le révèle ? Libre de créer, il est aussi libre d'avoir telle intention qu'il lui plaît et de nous donner telle destination plutôt que telle autre. Il *doit*, il est vrai, nous créer pour le bonheur, puisqu'Il est infiniment bon et juste, mais quel est ce bonheur ?

Et puis, par quels moyens atteindrez-vous cette fin ? quelles sont les conditions pour parvenir à ce bonheur ? *Qu'en pouvez-vous savoir*, s'Il ne vous le dit ? Votre raison ne saurait rien y voir.

— Le juge : Il faut bien en convenir. Il est maître de son ouvrage ; il en fait ce qu'il veut.

— Ecoutez encore. Nous savons par la raison que nous avons certains devoirs à remplir, un certain culte à lui rendre, pour reconnaître son souverain domaine, sa libéralité et sa toute-puissance, mais quels devoirs demande-t-il ? Quel culte lui agrée-t-il et exige-t-il ? *Qu'en savez-vous ?*

— M. Martin : Il faut bien avouer que mes amis, les libres-penseurs en font bon marché, de ces devoirs et de ce culte. Je suis bien tenté de croire que, comme vous le disiez tout-à-l'heure, on se déclare libre-penseur pour n'avoir plus à s'en soucier.

— Eh ! M. Martin, repris-je, vous faites votre petite confession. Vous avez au moins l'avantage de la franchise. Ecoutez encore.

Quand on a manqué gravement au devoir, à la loi morale, on est digne de peine. Le nier, ce serait mettre sur la même ligne le crime et la vertu, l'homme méchant et le bon, ce serait nier la justice et la sainteté de Dieu, c'est-à-dire Dieu Lui-même. — Mais, grave question ! peut-on réparer sa faute ici-bas de façon qu'elle ne soit plus imputable ! *Qu'en savez-vous ?*

Car Dieu, après tout, est libre dans ses

justices et rien ne peut l'empêcher de vouloir que le crime bien consenti soit ici-bas, irrémissible. — Quelle question pourtant ! — Et supposé que nous puissions satisfaire ici-bas à la justice divine, par quoi satisferons-nous ? De quoi Dieu se contentera-t-il ? *Qu'en savez-vous ?* Certes, voilà qui vous intéresse !

— LE JUGE : Oui : Comme vous le dites, la question est grave et le silence de la raison est vraiment terrible.

Donc, M. le juge, *Dieu a dû parler*. Sans cette parole, vous vivriez dans une inquiétude perpétuelle, dans une torture d'esprit cruelle et incompréhensible.

Encore une fois, messieurs, votre libre-penseur, quelque génie qu'il ait, et tout homme, quel qu'il soit, est *radicalement* incapable de trouver la solution des seules et grandes questions qui l'intéressent, *donc Dieu a dû parler* aux hommes de génie et aux capables comme aux incapables. *Tous doivent être instruits et aucun homme ne peut* et n'a le *droit* d'instruire.

Adieu la libre-pensée.

CHAPITRE DEUXIÈME

IL A PARLÉ

§ 1ᵉʳ

Qui vous le dit ?

Le lendemain, M. le juge ne disait mot à la promenade. Il marchait tout absorbé dans la pensée, sans doute, qu'il était forcé d'admettre l'inexorable conclusion :

S'Il a *dû* parler, Il a parlé.

M. Martin m'interpellant : je pressens, dit-il, qu'aujourd'hui vous allez nous jeter en plein dans le surnaturel, dans la révélation. Je vois déjà Dieu nous apparaissant au milieu des nues et nous disant : « ô homme, crois ceci, fais cela ; c'est moi, ton maître, qui te parle. »

— Et pourquoi pas, répondis-je, puisque vous admettez qu'Il a dû parler.

Je le répète, croyez-vous, oui ou non, que Dieu, infiniment sage, ait pu nous laisser courir en aveugles sans but et sans direction, nous les plus nobles créatures, quand tout le reste de la création est conduit si sagement ? — Et en agissant ainsi, serait-il bon ? — Mais s'Il n'est ni sage ni bon, Il n'est plus Dieu. Le simple raisonnement vous oblige à conclure : *Donc Il a parlé.*

— LE JUGE : Soit, mais qui me le dit encore ? ou plutôt quel est son témoin authentique. Car je ne pense pas que vous et M. Martin, pas plus que moi, vous ayez entendu sa voix. En d'autres termes, à qui a-t-Il parlé ? Et qu'a-t-Il dit ?

M. MARTIN : Oui : je serais curieux de le savoir — Qui répondra ?

— Qui répondra, Messieurs ? — Le *témoin* de Dieu ?... Mais regardez et écoutez. Il est là tout à côté de vous ; il vit sans-cesse avec vous ; il vous parle depuis le commencement jusqu'à la fin de votre vie. Il vous presse d'ouvrir vos oreilles à sa voix, de faire attention à ses paroles et de les suivre.

— Mais qui donc ? fit M. Martin — Qui ?

— Tout d'abord, les peuples anciens et modernes ont tous cru que Dieu a parlé primitivement aux hommes. Consultez toutes les histoires et toutes les traditions, vous verrez un même fonds de vérités plus ou moins bien conservées et les grands génies dont nous avons parlé le reconnaissent eux-mêmes.

Que devient, dirai-je aux libres-penseurs, votre beau système devant le témoignage de l'humanité entière ? Vous prétendez-vous seuls éclairés, vous que l'on compte sur les doigts dans chaque peuple, et direz-vous que tous les hommes sont dans les ténèbres ? Vous êtes vraiment fort modestes.....

Mais ne savez-vous pas que le consentement unanime des peuples sur une doctrine s'appelle *sens commun* et que le sens commun n'est autre chose que le Bon-Sens ?

— M. MARTIN : C'est fort, cela : S'il en

est ainsi, c'est une poignée d'hommes qui combat l'humanité entière et veut lui faire la loi. Il faut convenir qu'il y a là autant de folie que d'orgueil. Je n'y avais jamais pensé.

— Mais, messieurs, fixez votre attention sur l'humanité vraiment civilisée, voyez, autour de vous et dans le monde entier, quel témoin authentique !.... Voilà quatre cents millions d'hommes, appelez-les catholiques, protestants, schismatiques, peu importe, qui vous crient : Dieu a parlé, surtout par son propre Fils, fait homme, que nous adorons, et c'est pour cela que nous sommes Chrétiens.

Cette génération immense est notre contemporaine et notre compatriote ; nous lui appartenons nous-mêmes. — Elle a été précédée par une génération semblable, et celle-ci par une autre. Cela dure depuis bientôt dix-neuf siècles. En sorte qu'en mettant seulement trois générations de 400 millions de chrétiens par siècle, vous avez plus de deux cents millions..... calculez. Combien en 19 siècles ?..... Mettez en chiffres ronds :

vingt milliards d'hommes, qui ont cru et croient que Dieu a parlé et à ce qu'Il a dit.

Ce fait prodigieux seul, ce fait qui remplit le monde et les siècles, ce grand et perpétuel témoin, l'*humanité chrétienne*, suffit, certes, pour exciter l'attention de tout homme sérieux et le forcer à demander les solutions dont il a besoin. »

Mes deux amis prêtaient l'oreille avec une attention curieuse et leurs yeux semblaient dire : c'est vrai.

— J'interroge donc tout naturellement le christianisme qui se déclare pur et parfait, le catholicisme au milieu duquel je vis, qui est comme l'atmosphère que je respire. Je l'interroge, d'autant plus qu'il me presse et m'excite sans cesse à l'écouter et qu'il m'affirme avec assurance que *seul dans le monde* il peut me donner une réponse satisfaisante et infaillible — Je l'interroge.

Il me répond tout d'abord par son *credo* si court, si simple, où tout se trouve. Le petit Edouard, avec son catéchisme, en sait plus que Platon et Aristote. Il vous étonnera par ses réponses nettes, catégoriques, sur tous les grands problèmes de la vie. — D'où venez-vous ? Le catéchisme vous répond sans tergiverser : C'est Dieu qui m'a créé et mis au monde — Pourquoi ? C'est-à-dire, quel est le but dernier de la vie ? — Qu'est-ce que Dieu ? — Qu'est-ce que l'homme ? — Où allez-vous ? — Par quel chemin faut-il marcher ? — Où est le véritable bonheur ? — Que faut-il faire et éviter pour l'obtenir ? —

Messieurs, *quelles questions !*

Et quelles *réponses sublimes !*

Tout, ici, est clair, précis, décisif ; rien n'est livré au doute et aux tergiversations humaines.

Messieurs, on sent tout de suite que l'homme n'a pas pu inventer cela.

— C'est vrai, fit le juge, comme se répondant à lui-même.

— Et la morale ; comme elle est complète dans ses prescriptions envers Dieu, le prochain et soi-même. Comme tout est net, bien déterminé et en même temps parfait et élevé ! — Mais une chose est vraiment et particulièrement remarquable. Quel est le législateur humain ou le philosophe qui a eu la prétention d'atteindre l'intime même de la conscience et de prescrire des devoirs tout intérieurs ? Seul, le *grand témoin de Dieu* règle les pensées, les désirs, les sentiments du cœur. Pourquoi ? Sinon, parceque Dieu seul peut lire dans l'âme et diriger toutes ses facultés ! — Bien plus, qui a osé et pu prescrire les plus sublimes vertus et inviter l'homme aux actes les plus difficiles à la nature et les plus héroïques comme le célibat, la virginité, le dévouement perpétuel et gratuit au soulagement des misères, le martyre, qui ? — Personne, si ce n'est le christianisme. Voilà, convenez en, un code bien complet et une haute perfection !

Nous l'avons vu, les hommes n'en sont pas capables.

Qu'on raisonne tant qu'on voudra, on ne peut s'empêcher d'y voir la *touche divine.* Oui : *C'est Lui qui a parlé.*

§ 2e

Et la morale en action !

s'écria M. Martin. Voilà qui frappe plus que tout le reste, lorsqu'on y réfléchit bien. Nulle part ailleurs que chez nous on ne voit un dévouement pareil. Voyez les sœurs des hôpitaux, les petites sœurs des pauvres, les frères de Saint Jean de Dieu et tant d'autres... Quelle patience et quel désintéressement dans ces pauvres frères enseignants qui n'ont point de plaisir sur la terre et se livrent toute leur vie à une œuvre si ingrate ! Et tant d'autres, *et tant* d'autres...

— Eh oui, M. Martin, c'est précisément ce qui montre la force d'impulsion particulière contenue dans le catholicisme. — Toutes vos libres-penseuses ensemble seraient-elles capables de faire une seule fille de charité ? Comparez un hôpital tenu par des religieuses à ceux qu'on a récemment laïcisés ; vous n'aurez pas de peine à reconnaître où est le véritable dévouement. Chez les infirmières laïques, vous ne trouvez presque toujours que des vues d'intérêt et d'égoïsme, sinon de la dureté envers les malades. On le comprend facilement, elles ne viennent là que pour se faire une position. Comparez à ces mercenaires nos religieuses, souvent riches et de grande famille, qui se dévouent à une vie de sacrifice, sans intérêt personnel, uniquement par amour de Dieu et du prochain. Le christianisme catholique est seul capable de les former.

Reposez vos regards, mes amis, sur un autre spectacle.

Un pauvre soldat, spahi, était à l'hôpital militaire de Paris, en proie à une maladie qui devait le conduire à une mort affreuse.

Il était comme seul dans le monde. Nul ici ne savait son nom et ne s'inquiétait de lui. Il n'était connu que par le n° 23, écrit sur la planchette de son lit.

Son capitaine dont il avait été l'ordonnance, alla le voir ; mais il ne parut pas le reconnaître ; appelé à haute voix, il resta immobile.

Tout à coup un bruit léger fit tressaillir le malade. C'était la sœur de charité qui arrivait.

S'approchant du lit, elle se mit à essuyer délicatement la sueur froide qui couvrait le front du soldat; et, se penchant à son oreille, elle lui dit d'une voix douce:

« Eh bien, mon bon Joseph, comment allez-vous ?

Le cavalier n'avait pas reconnu son capitaine ; le malade Joseph reconnut la sœur de charité.

Après l'avoir considéré quelques instants comme une bonne mère considère son enfant, la sœur ouvrit une serviette blanche, en tira de belles fleurs et les répandit sur le lit de Joseph.

Le malade tressaillit, ses yeux brillèrent, et ses mains se promenèrent sur ces fleurs en les caressant. Alors la sœur se tournant vers le capitaine, lui dit : « Joseph était jardinier avant son entrée au service ». Qui avait appris à l'humble sœur Marthe qu'à ce jardinier mourant il fallait apporter des fleurs ? sinon son cœur chrétien plein de charité ?

Le capitaine, profondément ému à ce spectacle, essuya furtivement une larme.

— Il n'y pas que lui, fit M. Martin, fort ému lui-même.

— Oh ? que c'est frais, oh ! que c'est délicat ! dit le juge. Le charmant récit !

— Ecoutez la suite : 12 ans après, Paris était en révolution. Près de l'hôtel de ville, un jeune garde mobile tombe, l'épaule brisée par une balle. Une sœur de charité le reçoit dans ses bras ; au même instant un chef d'insurgés sort d'une maison voisine et se jette sur le mobile en s'écriant : oh ! traître, tu vas y passer ! Alors la courageuse femme se redressant fait le signe de la croix et se place devant l'insurgé qui la frappe de son couteau. Elle chancelle et tombe agenouillée près du mobile pour le protéger.

Tout d'un coup un garde national, qui avait vu le mouvement, s'élance comme un lion entre la sœur et l'assassin, qu'il étendit raide mort.

Cette sœur était Marthe et le garde national qui la sauva, ainsi que son protégé, était le cavalier Joseph.

A force de soins, de veilles et de prières, sœur Marthe lui avait rendu la vie !

Joseph l'avait reconnue et venait de payer sa dette.

— C'est magnifique : c'est aussi touchant qu'héroïque, firent-ils tous deux.

— Et dire que ce dévoûment se rencontre à chaque pas dans le christianisme et ne se rencontre que là !...

N'y aurait-il pas d'autre preuve de la Révélation divine que la perfection et l'efficacité d'une telle morale qu'elle suffirait pour convaincre tout homme droit et de bon sens. — Mais

§ 3
Encore morale en action

— Le Juge : oui, encore : c'est ce qu'il y a de plus saisissant. — « *Les exemples instruisent.* »

— Vous avez raison. Cela seul est une preuve palpable, sensible, claire aux yeux de tous, que Dieu a parlé à ce témoin, appelé le catholicisme, et donné à sa parole une force divine.

Un ancien ministre de la reine d'Angleterre, Macaulan, à la vue de cette haute vertu, de cet héroïsme qui éclate dans le catholicisme, de cette multitude d'hommes étonnants dont les œuvres et la vie dépassent de beaucoup les forces naturelles, en a été si surpris qu'il défie toutes les croyances humaines, même l'anglicanisme, de faire un seul François de Sales ou un seul Vincent de Paul.

Il n'y a, en effet, que chez nous que l'on voit de ces hommes, qu'on appelle des saints, parce qu'ils ont poussé la grandeur morale et la vertu jusqu'à l'héroïsme. Ailleurs on ne voit rien de pareil.

Je me souviens toujours de l'impression que j'éprouvais dans mon enfance, lorsqu'on me parlait d'un simple petit curé de campagne qui travaillait dix-huit heures par jour, dormait à peine trois ou quatre heures, couchant sur une planche, et ne vivait que d'un peu de lait et de trois pommes de terre. Trois pommes de terre !..... Figurez-vous ce que cela produisait sur nos imagination de douze ans. Plus tard je le vis à Ars ; je fus émerveillé.

— Oui : Il faut avouer, dit M. Martin, que ce que l'on raconte de tous ces hommes n'est pas naturel, tout est merveilleux.

— Camille : Mais faites attention, je vous prie, à deux faits, ou deux états qui ne se rencontrent absolument que chez nous, au moins dans toute leur perfection et dans leur universalité : la virginité et le martyre.

Voyons, Messieurs, soyez francs ; la virginité a-t-elle jamais brillé de tout son éclat chez vos libres-penseurs. Je gage que parmi elles, comme à Rome, on pourrait à peine trouver *dix Vestales*.

M. Martin branlait la tête comme pour dire : impossible.

— Croyez-vous que la virginité, si on la considère sous tous les climats et dans tous les tempéraments, ne dépasse pas les forces de la nature ? Croyez-vous qu'on puisse la garder sans secours surnaturel ?

— Le Juge : Pour l'immense majorité, non, mille fois non. L'expérience le prouve assez.

— Camille : Eh bien ! Voilà un fait. Il n'y a que dans le catholicisme que la virginité est prônée, conseillée et placée au-dessus de l'état de mariage. Il n'y a que là qu'on fasse vœu de la garder, et toute la vie ; que là qu'elle soit aimée et considérée comme le plus riche trésor.

Savez-vous combien il y en a, en France

seulement, qui en font vœu ? — Plus de 150,000. Et je ne compte pas ceux qui vivent au milieu du monde. Comptez pour tous les autres pays catholiques.....

Et quel amour de la virginité ? Cécile, Agnès, Agathe, et tant d'autres meurent plutôt de s'en séparer même légitimement.

Connaissez-vous l'histoire de Sainte Ursule et de ses nombreuses compagnes ?

Une invasion de barbares assiégeaient la ville et le couvent. Que firent Ursule et ses compagnes ? Pour n'avoir rien à craindre de la brutalité des soldats, elles se mutilèrent le visage, d'une manière affreuse.

— M. Martin. C'est à faire frémir ! est-ce qu'elles se coupèrent le nez ?

— Précisément. Plusieurs se coupèrent les cartilages du nez. Et cependant, vous le savez, on dit que la vanité chez la femme, naît avec elle, et meurt un quart d'heure après sa mort.

Excepté, fit le juge, chez ces braves femmes. Elles avaient tout aussi bien tué la vanité que la volupté.

— Considérez maintenant le martyre.

C'est ici qu'on voit clairement le doigt et la force de Dieu ! — Le *témoignage du sang* ! oh ! qu'il est éloquent !

Où voyez-vous des hommes de tout âge, de tout sexe, de toute condition, mourir, en nombre presque incalculable, pour soutenir une doctrine, par pur amour de la vérité ?

Nulle part. — Il n'y a que chez nous, messieurs, qu'on voit pareil spectacle.

D'abord *tous* les témoins qui ont affirmé et écrit que Dieu *a parlé* au monde pour son Fils. *Tous* sont morts martyrs, pour affirmer cette vérité. Des *millions*, vous entendez, des millions d'hommes les ont suivis et sont morts. Et il ne s'est pas écoulé un quart de siècle sans que ce témoignage du sang n'ait été donné. Tout récemment, que de milliers de chrétiens viennent de tomber au Tonkin et en Cochinchine ! Et cela..... sous les yeux de l'armée française !...

Pascal, le grand Pascal avait bien raison de dire : Pour moi, je crois sans peine des témoins qui se font égorger.

Le Juge : Pascal !... voilà un homme qui fait autorité !... Et, il le faut bien avouer, il était loin d'être libre-penseur.

— Eh bien ! M. le juge, lui, comme la plupart des hommes de génie, voyait dans la virginité et le martyre deux voix éloquentes qui disent sans cesse : Dieu a parlé ; c'est sa parole et sa force divine qui sont notre soutien.

Ce n'est pas tout ! je dois encore vous faire entendre.

§ 4

Deux autres voix

— M. Martin : Mais votre grand témoin de Dieu, comme vous l'appelez, a donc cent voix ? C'est la renommée aux cent bouches.

— Oui, cher ami ; il en avait besoin pour se faire entendre à tous les hommes. La voix qui ne persuade pas l'un persuade l'autre. Ce que Pierre n'entend pas, Paul l'entend.

Où parle-t-on de miracle ? Sinon dans le catholicisme ? Nulle doctrine n'a la prétention...

— Bon ? interrompit le juge, vous allez nous faire croire aux miracles, maintenant !... Voyons : *le miracle* !

— Et pourquoi pas, M. le juge ? Après

tout, qu'est-ce que le miracle ? — Ce n'est qu'une simple dérogation aux lois de la nature. Qui empêche l'auteur de ces lois d'y déroger ?

— Sans doute ; mais c'est chose inutile ; à quoi bon ?

— Et qu'en savez-vous ? Dieu ne peut-il pas avoir des raisons graves de le faire ? Ne serait-ce que pour exciter votre attention et vous prouver d'une manière patente la vérité d'une doctrine ? Et s'il le fait, serez-vous homme de bon sens en niant ce qu'il veut vous prouver ?

— Mais qui me dira qu'il y a miracle ? Comment ? comme tout autre fait historique, qui tombe sous les sens. Il est tout aussi facile à constater que les conquêtes d'Alexandre ou de Napoléon. Il n'y a qu'à voir, à entendre, à toucher, à examiner, à juger.

Je vois bien que vous vous débattez *malgré vous* contre le miracle. Vous pressentez que si l'on admet cette voix éloquente de Dieu, le dernier retranchement de la libre pensée s'écroule. Mais votre bon sens l'emportera aussi *malgré vous*.

Or un seul homme dans le monde, *un seul* a osé dire : « Allez, publiez partout ce que vous avez vu et entendu ; les aveugles voient, les sourds entendent, les morts ressuscitent. » Et il a fait par lui-même et par les siens, pour prouver sa parole, une multitude de ces dérogations. On a pu les nier, mais sans preuve. Voilà que des millions et des milliards d'hommes croient à ces prodiges. Voilà que des historiens en grand nombre, que des hommes de génie, tels qu'Augustin et cent autres, les rapportent en y ajoutant pleine foi. Et vous voudriez qu'une petite poignée de libres-penseurs ait raison contre toute l'humanité civilisée ? où est le bon sens, en vérité ?

— En effet, dit M. Martin, c'est fort cela. Mais ailleurs, est-ce qu'on ne parle pas de miracle ?

Le Juge. — Il paraît bien que non ; car l'histoire n'en dit mot.

Ceci me rappelle un bon mot du fameux Erasme : Tous les chefs du protestantisme ensemble, dit-il, pour prouver leur mission de réformateurs, n'ont pas même su redresser un cheval boiteux. »

Les mauvais rhabilleurs, fit M. Martin ! s'ils ne sont pas meilleurs réformateurs...?

Après quelques instants de franc rire, M. le juge reprit : « le miracle, le miracle; — de bonne foi, il faut bien avouer qu'il est possible et utile et aussi facile à constater que tout autre fait... On ne peut le nier.

Camille. — Cela donne à réfléchir, n'est-ce pas ? Mais écoutez une autre voix.

Avez-vous jamais fait réflexion sur ce livre étonnant, ce livre qui rapporte tant de miracles et qui est *mis* entre les mains de tous depuis 19 siècles ? On le voit partout, dans tous les pays du monde, il est traduit dans toutes les langues. Les exemplaires en sont presque plus nombreux que *tous* les livres ensemble faits par *tous* les hommes. Et ce qu'il y a de plus surprenant, c'est que ce livre soit toujours demeuré le même substantiellement aussi bien parmi nous que parmi les protestants, schismatiques, hérétiques, etc. Vraiment, ce livre n'a-t-il pas en sa faveur toutes les preuves imaginables de certitude ? Et ne pas croire à la véracité de son récit, n'est-ce pas renier tout témoignage, toute histoire, toute *certitude*, la *raison même.*

Jean-Jacques Rousseau, un vrai libre-penseur, celui-là, n'a pu s'empêcher dans un de ses bons moments, d'en faire l'aveu : « Je l'avoue, écrivait-il, la majesté des Ecritures m'étonne ; la sainteté de l'Evangile parle à mon cœur. Se peut-il qu'un livre à la fois si sublime et si simple soit l'ouvrage des hommes ? — Dirons-nous que l'histoire de l'Evangile soit inventée à plaisir ? Mon ami, ce n'est pas ainsi qu'on invente. L'Evangile a des caractères de vérité si grands, si frappants, si parfaits, si parfaitement inimitables, que *l'inventeur en serait plus étonnant que le héros.* »

— Oui j'en conviens, dit le juge, voilà qui est saisissant. Si on nie l'Evangile, il faut *tout* nier. On est forcé logiquement de tomber dans cette absurdité ridicule qu'un auteur spirituel a su si bien faire ressortir dans l'ouvrage intitulé : « Comme quoi Napoléon n'a jamais existé. »

M. Martin. — Et de fait, histoire pour histoire, l'une vaut plus que l'autre.

Camille. — Ce livre qui ne parle que de révélation est donc une voix éloquente qui nous dit : « Dieu a parlé. Lui *seul* suffirait au simple bon sens pour lui faire écho. — D'autre part, la voix du miracle *seule* suffit ; la voix du sang *seule* suffit ; la voix de la virginité *seule* suffit ; la voix de la doctrine du grand témoin et celle de sa morale, surtout de sa morale en action *seules* suffisent, que devons-nous dire de toutes ces voix réunies ?....

Que devons-nous penser du grand témoin ? Et si vous réfléchissez à sa marche à travers l'univers, conquérant tous les pays, tous les hommes savants ou ignorants et cela sans ressources humaines, allant à l'encontre de toutes les croyances, de tous les préjugés, de toutes les passions, toujours combattu et toujours victorieux, non, messieurs, vous ne pouvez vous empêcher de vous écrier : Dieu est là.

Je laisse à votre jugement de tirer cette *Conclusion.*

Le bon sens, libre de tout préjugé, de toute passion, de tout parti-pris, reconnaît que Dieu *a dû parler et a parlé*. Donc le libre-penseur est condamné par lui.

Messieurs, encore une fois,
Adieu la libre-pensée.

FIN

www.ingramcontent.com/pod-product-compliance
Lightning Source LLC
LaVergne TN
LVHW022207080426
835511LV00008B/1629